VÍCTOR MANUEL FERNÁNDEZ

NOVENA PARA VIVER COM ALEGRIA

Tradução: Fr. Rogério Gomes, C.Ss.R.
Copidesque: Elizabeth dos Santos Reis
Diagramação: Simone A. Ramos de Godoy
Projeto gráfico: Marco Antônio Santos Reis
Capa: Bruno Olivoto

Título original: *Novena para vivir con más alegría*
© Ediciones Dabar, S.A. de C.V., México, 2002
ISBN 970-652-264-6

ISBN 85-7200-940-X

1ª edição: 2004

4ª impressão

Todos os direitos em língua portuguesa
reservados à **EDITORA SANTUÁRIO** — 2016

Composição, impressão e acabamento:
EDITORA SANTUÁRIO - Rua Padre Claro Monteiro, 342
12570-000 — Aparecida-SP — Fone: (12) 3104-2000

*M*uitas angústias e preocupações na vida nos fazem perder a alegria. Às vezes, nos dá pena quando vemos pessoas que eram muito alegres e agora têm o rosto triste e vivem sempre se lamentando e nervosas.

Nós mesmos, talvez, estejamos deixando apagar a chama da alegria.

É muito importante, portanto, dedicar uma novena para pedir a alegria interior que Deus nos pode conceder. Com essa alegria poderemos viver muito melhor, e faremos muito bem aos outros. Com alegria tudo é diferente.

As reflexões e orações desta novena podem ajudar-nos para que, dia a dia, vá renascendo em nós a alegria perdida, ou para que brote em nós um prazer que nunca tínhamos conhecido.

Primeiro dia

A alegria do universo

1. Palavra de Deus
"Louvai-o, sol e lua, louvai-o, estrelas brilhantes, louvai-o, céus dos céus" (Sl 148,3-4).

"Os montes saltaram como carneiros, as colinas brincaram como cordeiros" (Sl 114,4).

2. Meditação
No universo há muita alegria, porque a alegria existe quando alguém é o que deve ser, o que Deus quer que seja. As estrelas, que ocupam seu lugar no céu e brilham belamente, cumprem a vontade divina, e por isso nelas há alegria; uma planta que cresce cumpre a vontade de Deus, e nela há alegria; um pássaro que constrói seu ninho segue seu instinto, e nele há muita alegria. Todo o universo é como uma canção extasiante.

Quando sabemos tomar contato com a natureza, somos contagiados pela alegria das criaturas. Entretanto, quando nos fechamos em mil pensamentos de nossa mente e deixamos de contemplar o universo imenso e variado, fechamo-nos nas angústias e perturbações.

Não é bom nos isolarmos do mundo. É muito bom parar e observar os detalhes preciosos dos animais, escutar o ruído da água que corre, perceber as cores e movimentos do céu, cheirar as flores, sentir o contato dos pés com a terra ou abraçar o tronco de uma árvore. Se o fazemos por um instante, sem pensar em nada, sem deixar que a mente nos entristeça com pensamentos inúteis, poderemos compartilhar da alegria que Deus pôs no universo.

Assim acontecia com São Francisco de Assis, que era feliz compartilhando a vida com o vento, com a lua, com o fogo e com as aves do céu.

3. Oração

Todo o universo é uma louvação de júbilo para ti, Senhor. Adoram-te os pássaros, cantando; adoram-te os rios, correndo entre as colinas, adoram-te o sol e a lua, iluminando.

Ajuda-me, Senhor, a compartilhar dessa alegria de todo o universo. Ensina-me a viver com a simplicidade e a alegria que têm tuas criaturas mais simples. Quero alegrar-me com a cor das pedras, com a forma das nuvens, com os saltitar dos animais do campo, com a simplicidade das ervas e das flores. Enche-me da alegria cósmica que invade todas as coisas, tu que és o sublime criador. Amém.

Segundo dia

Respirar

1. Palavra de Deus
"Eu os purificarei de todas as vossas impurezas... dar-lhes-ei um coração novo e derramarei em vocês um espírito novo" (Ez 36,25-26).

2. Meditação
Às vezes, é muito bom fazer alguns movimentos físicos para despertar; lavar as mãos e o rosto, e logo parar alguns minutos e respirar fundo várias vezes. Em meio a essas respirações profundas podemos orar, pedindo que Deus nos tome com sua vida, nos purifique, e leve tudo o que pode nos perturbar.

Esse exercício respiratório serve para oxigenar bem o cérebro e continuarmos vivendo com mais lucidez. Serve, sobretudo, para preparar nosso corpo para a oração, esse corpo que necessita do ar para sobreviver, de modo que, junto com o ar novo, recebamos a presença de Deus, que nos renova; e com o ar impuro que sai de nosso corpo, saia também todo pessimismo, todo lamento e todo mau sentimento.

Dedicarmos um momento só para respirar, percebendo com toda a atenção o ar que entra e sai, ajuda-nos a sentir e a recordar que estamos vivos, e isso pode despertar novamente a alegria de existir.

É melhor, no entanto, depois de alguns minutos, começar a imaginar o rosto de Jesus, cheio de ternura, e, ao tomar o ar, pensemos: "Senhor Jesus", e ao soltá-lo, digamos interiormente: "tem piedade de mim".

3. Oração

Senhor, tu és a vida, tu és necessário para mim como o ar que respiro. Dou-te graças pelo dom da vida, porque é maravilhoso existir.

Senhor, te adoro, porque assim como o ar me rodeia e penetra em mim, assim também me envolves com tua presença; cheio de vida e alegria me penetras com tua graça e me transformas com tua presença. Glória a ti, Senhor, meu Deus!

E, junto com o ar que sai de meus pulmões, leva tudo o que não me faz feliz, lança para fora de mim toda impureza, expulsa todas as minhas angústias e tristezas, rancores e más recordações, todo egoísmo e má intenção. Toma-me todo para ti, Deus meu. Deixa-me só tua graça e tua vida. Permanece invadindo todo o meu ser e reinando em mim com tua alegria em meio às minhas tarefas. Amém.

Terceiro dia

Adorar

1. Palavra de Deus

"Meu coração está firme, ó Deus. Vou cantar e tocar... Quero, Senhor, louvar-te entre os povos e cantar-te entre as nações, pois teu amor é maior até que o céu" (Sl 108,2.4-5).

"Eu te exaltarei, Deus meu e meu rei, e bendirei teu nome para sempre e eternamente. Bendirei todos os dias e louvarei teu nome para sempre. Grande é o Senhor, e muito digno de louvor, e sua grandeza não tem medida" (Sl 145,1-3).

2. Meditação

Lendo esses salmos possivelmente desperte o desejo de adorar a Deus, de cantar sua glória, sua formosura e seu amor.

O louvor é uma oração preciosa, é a maneira mais excelente de orar. Porque no louvor não importam nossas necessidades, nossos problemas ou nossos ganhos. Quando louvamos a Deus, só Ele é importante, Ele é o único que conta. É o infinitamente mais que eu e que minha pequena mente perturbada. Ele existe, e isso me basta. Ele, que é o bom, o belo, o imenso. Isso é o que interessa.

Quando louvamos a Deus é como se nos elevássemos por cima de nossas angústias e tristezas, e, então, deixamos de preocupar-nos com nossas sensações; as tristezas e angústias diminuem seu poder e volta a nascer a bela esperança.

Porque, se Ele existe, o poderoso e o sublime, então tudo pode terminar bem. Por isso o louvor nos devolve a alegria, tira nossos olhos da miséria e deposita-os na glória de Deus, em sua puríssima alegria e em seu deleite divino. Isso nos deixa mais positivos, nos ilumina os olhos para continuar caminhando.

3. Oração

Glória a ti, meu Deus infinito e belo, Senhor deslumbrante, vestido de imensa luz. Esta pequena criatura quer te adorar e reconhecer tua grandeza.

Prostro-me diante de ti, Senhor, e te peço que toques meu coração, que abras meus lábios e me dês o dom de saber te adorar.

Não permitas, meu Deus, que me feche em minhas preocupações e dores, não deixes que minha boca se encha só de lamentos. Ajuda-me a sair de mim mesmo para te louvar, tu que és digno de todo louvor, meu Deus e meu Senhor amado. Santo és, bendito sejas, louvado e glorificado sejas por tua formosura, por tua força, por tua bondade, por tua imensa paz. A ti seja a glória para sempre. Amém.

Quarto dia

Sorrir

1. Palavra de Deus
"O que habita nos céus ri" (Sl 2,4).

"Os que olham para ele ficarão resplandecentes" (Sl 34,6).

2. Meditação
É bom frequentemente imaginar Jesus, contemplar seu rosto amável, feliz, serenamente alegre. E também imaginar que me olha com amor e me diz: "Vamos *(coloque seu nome),* eu te quero, sigamos juntos. Não te detenhas. Este dia vale a pena".

É bom viver cada coisa com essa consciência de ser olhado com amor, para poder caminhar envolvido por esse amor que sustenta e anima.

E, diante desse convite, posso tratar de responder

com um sorriso, deixar que pouco a pouco ele vá brotando e é como dizer-lhe sim à vida, como aceitar que Jesus, que me ama, me leve aonde ele quiser. Depois posso olhar esse sorriso no espelho, com a decisão de encarar todos com amor e esperança.

Ao longo deste dia, quando a tristeza ou o desalento me ameaçam, e ao começar a me encher de ideias pessimistas, posso tentar despertar um novo sorriso e oferecê-lo a alguém.

Também, quando ninguém nos escuta, é importante rir, soltar uma gargalhada. Rir de nós mesmos, de nossas tolices, de nossos pensamentos inúteis, de nossos erros, e deixar que, com o riso, saia toda a melancolia.

3. Oração
Senhor, quero deixar brotar um sorriso para ti e entregar-te a vida com esperança, porque também hoje estaremos juntos. Estarás comigo, Senhor, caminhando neste dia.

Com tua amizade posso enfrentar tudo o que me aconteça, poderei ver em tudo uma oportunidade, um sonho, um desafio.

Escuto teu convite à vida, e quero dizer-te que sim, Senhor. Embora tenha vivido muitos dias tristes, cheios de fracassos, hoje quero tentar uma vez mais.

Porque tudo o que me acontece pode ser transformado por tua amizade.

Dai-me a graça de te reconhecer a meu lado, visto que se me ajudas a te ver assim, hoje será um bom dia.

Ensina-me a despertar um sorriso para ti.

Vamos, Jesus, vivamos juntos este dia, porque contigo tudo é diferente. Amém.

Quinto dia

Cantar

1. Palavra de Deus

"Cantarei ao Senhor toda a minha vida. Enquanto eu existir, celebrarei a meu Deus. Que meu canto lhe seja agradável; e eu me alegrarei no Senhor" (Sl 104,33-34).

"Aclamemos com música ao Senhor!" (Sl 95,2).

2. Meditação

Recordar uma canção pode ajudar-nos a viver mais alegres. Deve ser, porém, uma canção que nos transmita algum sentimento positivo.

Pode ser uma canção profundamente religiosa, que nos fale do amor do Senhor e da esperança cristã. Para isso é bom ter à mão um livro de cânticos.

Mas também pode ser uma simples melodia,

uma canção romântica, ou um tema popular. O que importa é que essa canção nos transmita: desejo de trabalhar, necessidade de nos encontrar com os outros, o sonho de fazer feliz outra pessoa, etc.

Podemos ter gravadas algumas canções que nos permitam começar cada manhã com uma música que nos comunique alegria, esperança, ternura e generosidade.

Basta que essa canção desperte em nós um sonho e nos impulsione a começar o dia com garra, com espírito de busca. Porque Deus se alegra vendo seus filhos com vontade de viver; o Pai que nos ama se alegra com nossa alegria e não quer que seus filhos suportem a vida, sem desfrutar dela.

Então, cantemos desde a madrugada e deixemos a música depositar um sonho em nosso coração ao longo de todo o dia.

3. Oração

Canta comigo esta canção, Senhor, entoa comigo esta melodia, assobia comigo. Eu quero que seja também um louvor para ti.

Que esta canção me ajude a viver, esteja em meus lábios e em meu coração durante todo o dia. Porque tu também podes ajudar-me a viver através desta melodia.

Que esta pequena satisfação que brota em mim, quando canto ou recordo esta canção, seja também um agradecimento a ti, que me dás a vida para que a aproveite bem. Que esta pequena esperança que brota em mim quando a canto, seja também um canto de adoração a ti, que és minha grande esperança. Amém.

Sexto dia

Saborear o dom da vida

1. Palavra de Deus

"Como haveria permanecido algo se tu não o quisesses? Como se haveria conservado o que tu não tivesses chamado à vida? Tu és bom, Senhor, com todas as criaturas, porque são tuas e amas a vida" (Sb 11,25-26).

2. Meditação

Às vezes dizemos: "Até amanhã, se Deus quiser". Essa expressão, se a dizemos com sinceridade, tem um sentido profundíssimo, pois significa dizer que, se hoje estamos vivos, é porque Deus quis nos dar a vida. Nós não compramos nossa vida na terra. Ela é sempre um dom. Cada dia é dom, é ser sustentado por um Deus de amor, que não necessita de nós para ser feliz. "Até amanhã, se Deus quiser." E esta manhã ele quis. Ele quis que eu vivesse na terra assim como sou: com meus limites, com minhas insatisfações, com minha fraqueza.

Deus quis para mim o milagre da vida. Poderia não ter querido, nem sequer esta existência limitada e insatisfeita. Viver já é muito. Só viver deve ser sentido como um milagre cotidiano. Portanto, tomar consciência disso é valorizar a vida e sentir-se chamado a aproveitá-la, a vivê-la em plenitude; não é suportar cada dia, não é gastar o tempo, não é simplesmente sobreviver. É colocar-se todo no rio da vida, com seus desafios e suas alegrias, com o que vier.

Por isso, agora dou graças a Deus, pois também hoje Ele quis que eu vivesse. E este dia que estou vivendo é para mim uma grande possibilidade, um sonho, um chamado a colocar todo o meu ser cheio de alegria na corrente da vida.

3. Oração

Meu Deus, cheio de vida puríssima, vitalidade sempre nova. Tu quiseste derramar vida no universo e por isso existe a multidão variada de todas as criaturas.

Também eu sou uma chama de vida que quiseste acender com teu poder sem limites.

Dou-te graças, Senhor, pelo milagre de minha vida, pois me tiraste do nada. Eu poderia não existir e, contudo, aqui estou, sustentado por teu infinito poder.

Concede-me, Senhor, que possa valorizar e gozar esta vida que hoje me dás, que aprenda a desfrutar dela com alegria e gratidão. Amém.

Sétimo dia

Agradecer tudo
Viver positivamente

1. Palavra de Deus

"Não te abandones à tristeza, nem te aflijas com teus pensamentos. A alegria do coração é vida para o homem e prolongam-lhe os dias. Distrai tua alma e consola teu coração. Afasta de ti a tristeza, porque ela tem arruinado muitos e dela não se tira nenhum proveito" (Eclo 30,21-23).

"Bendiga ao Senhor, alma minha, e nunca esqueças seus benefícios" (Sl 103,2).

2. Meditação

O salmo 103 nos convida a não esquecer os benefícios que o Senhor nos tem feito. Poderíamos dizer que o Senhor nos deu a memória para que recordemos os gestos de amor que Ele nos vai dando ao longo da vida. Mas nós, seres humanos, vamos fechando nosso coração cada vez que temos uma dificuldade e a visão se torna obscura, cheia de pessimismo e de tristeza que nos adoecem. Então já não somos capazes de reconhecer os pequenos ou os grandes favores que o Senhor nos faz, e muitas vezes menosprezamos coisas agradáveis da vida que o Senhor nos dá.

Se não se aprende a agradecer não se aprende a viver. Os seres agradecidos estão sempre atentos para descobrir o bom e o belo que há ao seu redor e não se detêm tanto no mal e no desagradável. Sabem valorizar a luz, o ar, o sangue que corre por suas veias, a comida, os seres que têm a seu lado, a possibilidade de fazer coisas boas, etc. Em todo o bem, descobrem o amor de Deus e se sentem queridos e acariciados por Deus. E as pessoas profundamente agradecidas podem reconhecer o amor divino também nos sofrimentos, porque sabem que Deus está a seu lado para encontrar uma saída e que nunca lhes faltará seu consolo.

As pessoas gratas são capazes de a cada dia reconhecer tudo o que têm. E mais agradecem quando comparam sua vida com a vida de outros que têm angústias muito mais dolorosas, quando olham os que não têm conhecido a paz do Senhor e que superam tudo o que possamos imaginar. O hábito de agradecer ao Senhor, todos os dias, permite-nos manter um coração positivo e não deixa que o veneno da negatividade e da tristeza se apodere de nosso interior.

3. Oração

Obrigado, Deus meu. Não quero me esquecer de todos os teus benefícios. Quisera que minha alma se enchesse de gratuidade para cantar-te.

Obrigado, Senhor, antes de tudo, pela vida, por todos os dias de minha existência. Obrigado, pelas pessoas que me amaram e que me foram amáveis. Obrigado, porque me tens alimentado, me tens acompanhado, me tens oferecido teu con solo e tua amizade. Obrigado, porque sou teu filho. Obrigado, porque posso fazer o bem e sempre recomeçar. Obrigado, pelo ar que respiro, pela música, pela terra, pelas árvores, pelas ruas.

Obrigado a ti, meu Senhor amado, porque todo o bem vem de ti. Amém.

Oitavo dia

Pedir proteção

1. Palavra de Deus
"Como vou deixar-te, como vou abandonar-te?" (Os 11,8).

"Ainda que caiam mil a tua esquerda e dez mil a tua direita, a ti não te alcançarão. Basta que olhes com teus próprios olhos" (Sl 91,7-8).

2. Meditação

Muitas vezes não podemos estar alegres e não sabemos desfrutar da vida de cada dia, porque temos muitos temores: o temor da doença, do desgaste, do futuro, da solidão, do fracasso e de perder o que temos. Com esses temores, é impossível viver alegres. Para recuperar a alegria perdida, há que se fazer um caminho que nos cure de todos esses medos inúteis.

A realidade é que neste mundo tudo, tudo termina. Por isso, é necessário pedir ao Senhor o desprendimento, a capacidade de desfrutar de todas as coisas, aceitando que elas se acabem. Essa liberdade interior é a fonte de uma preciosa alegria, mas os apegos são a origem das mais profundas tristezas: o apego a pessoas, a coisas, a projetos, às segurança que criamos para nós.

Mas se colocamos o olhar no Senhor e confiamos verdadeiramente em seu poder e em seu amor, nada temos a temer. É melhor dizer-lhe o que nos preocupa e deixar tudo isso em suas mãos para que tudo termine bem para nós. Assim, tudo o que nos acontece será para nosso bem e poderemos enfrentar com êxito qualquer dificuldade. Em nós brotarão bênçãos e novas esperanças. Essa confiança mantém viva nossa alegria.

Se temos medo de algumas pessoas, podemos pedir ao Senhor que toque seus corações para que não queiram nos causar dano e que lhes dê compaixão e ternura, para que possamos encontrar-nos com eles na paz. Se pedimos que o Senhor os abençoe e o louvamos por eles, obra sua, isso produzirá melhores frutos do que maldizê-los ou fugir deles. E também poderemos rogar a Jesus que nos cubra com seu sangue precioso para que tenhamos sua proteção e que nada nos possa causar o mal.

3. Oração

Senhor, quero crer em tuas promessas, quero confiar mais em teu poder e em teu amor, para que toda a minha vida esteja em tuas mãos. Dá-me, Senhor, o dom da confiança. Assim tudo o que me acontecer será para meu bem e para o bem dos outros. Toma-me em teus braços e não me permitas encher-me de temores inúteis. Quero conhecer a alegria da liberdade interior, o gozo de dar a ti o domínio de minha existência.

Mas também quero elevar meus olhos para ti e deixar em teus braços todos os meus entes queridos. Protege-os, Senhor, confio-os a ti e os entrego a ti, para que tudo o que lhes acontecer tenha um bom fim. Dá-lhes também a força de teu amor. Amém.

Nono dia

A alegria no Ressuscitado

1. Palavra de Deus

"Suba a um alto monte, alegre mensageiro, clame sem medo e com voz poderosa para Jerusalém. Diga às cidades de Judá: Aqui está o Deus de vocês" (Is 40,9).

2. Meditação

Todos somos chamados a ser alegres mensageiros, porque levamos uma preciosa notícia: sabemos que Jesus está vivo! Ele ressuscitou e portanto ninguém está só, porque tem Jesus vivo a seu lado para compartilhar tudo. Por isso, são Paulo insistia: "Alegrem-se no Senhor. Repito-lhes: alegrem-se!" *(Fl 4,4)*.

Se Jesus está vivo, tudo é diferente. Já não existem o desamparo, o medo e o desespero.

Sua vida sempre pode inundar-nos de novo para voltarmos a começar. E se estamos desanimados, tristes e cansados, o melhor é deixar-nos iluminar pelo Ressuscitado, deixá-lo entrar, abrir-lhe a porta, convidá-lo a derramar sua alegria em nossos corações. Ele vive em cada coisa e em cada momento e isso sempre é uma boa notícia, uma esperança de alegria.

Embora nossos olhos não o percebam, nossa pele não o sinta e não o possamos demonstrar cientificamente, Ele é mais real que nossos sentimentos e que nossa pele. É mais verdadeiro que nossos olhos e nossos pensamentos. Ele está como o amigo mais próximo, a luz mais preciosa, como o fogo estimulante que derrama um suave e quente resplendor em todas as coisas.

Desejemos que Ele se apodere de nossas vidas, para renová-la toda com sua santa alegria.

3. Oração

Alegro-me contigo, Senhor ressuscitado. Quero deleitar-me com teu triunfo, porque sei muito bem que não estás no sepulcro, que estás em cada coisa, em cada pessoa, em cada momento. Estás amando-me, sustentando-me, alentando-me. Peço-te que abras meus olhos interiores, para que possa descobrir-te e alegrar-me com tua presença luminosa. Toca com teu resplendor toda a minha existência, todos os meus momentos, todas as minhas tarefas, todos os meus sonhos e projetos. Vivifica com teu amor tudo o que está doente ou morto dentro de mim e enche-me de gozo. Amém.

Índice

Primeiro dia
A alegria do universo 4

Segundo dia
Respirar 7

Terceiro dia
Adorar 10

Quarto dia
Sorrir 13

Quinto dia
Cantar 16

Sexto dia
Saborear o dom da vida 19

Sétimo dia
Agradecer tudo. Viver positivamente 22

Oitavo dia
Pedir proteção 26

Nono dia
A alegria no Ressuscitado 29